Je m'en vais

Jean Echencz

lePetitLittéraire.fr

Analyse de l'œuvre

Par Lucile Lhoste

Je m'en vais

Jean Echenoz

lePetitLittéraire.fr

Rendez-vous sur lepetitlitteraire.fr et découvrez :

Plus de 1200 analyses
Claires et synthétiques
Téléchargeables en 30 secondes
À imprimer chez soi

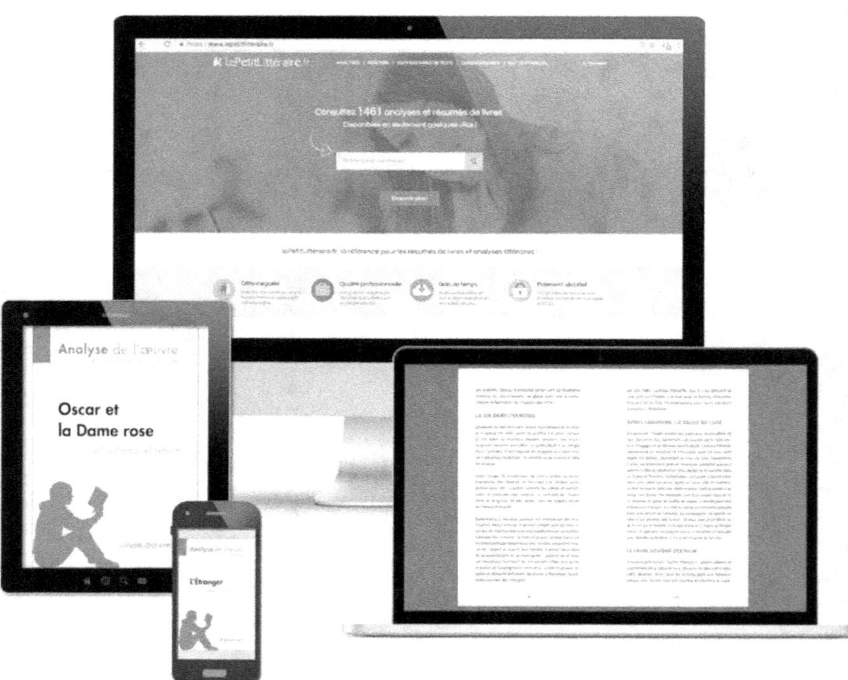

JE M'EN VAIS   7

Un cheminement aux airs de Nouveau Roman   7

JEAN ECHENOZ   9

Écrivain français   9

RÉSUMÉ   11

Les errances de Félix Ferrer   11
La quête des œuvres d'art inuit   12
L'itinéraire de Baumgartner   14

ÉTUDE DES PERSONNAGES   16

Félix Ferrer   16
Baumgartner   17
Autres personnages   19

CLÉS DE LECTURE   21

Le Nouveau Roman   21
Le style de Jean Echenoz   24
Thématiques et influences   28

PISTES DE RÉFLEXION   31

Quelques questions pour approfondir sa réflexion…   31

POUR ALLER PLUS LOIN   32

Édition de référence   32
Sources complémentaires   32
Sur LePetitlittéraire.fr   32

JE M'EN VAIS

UN CHEMINEMENT AUX AIRS
DE NOUVEAU ROMAN

- **Genre :** roman
- **Édition de référence** : *Je m'en vais*, Paris, Les Éditions de Minuit, 1999/2001, 255 p.
- **1ère édition :** 1999
- **Thématiques :** art, Grand Nord, duplicité, style du Nouveau Roman, aventures

Publié en 1999, second volet d'un diptyque formé avec le roman *Un an*, paru deux ans auparavant, *Je m'en vais* raconte l'histoire de Félix Ferrer, un galeriste. Celui-ci quitte sa femme et embarque peu après dans un périple dans le but de trouver des œuvres d'art dans le Grand Nord. En parallèle, on retrouve l'histoire de Baumgartner, dont les agissements semblent au départ appartenir à une histoire indépendante de celle de Ferrer. Pourtant, au fil des pérégrinations de Ferrer pour ramener les œuvres à Paris, les souvenirs des six mois précédents semblent coïncider avec l'itinéraire de Baumgartner. Ainsi les trajectoires de ces deux personnages, en apparence distinctes, vont se confronter et dessiner les contours d'une intrigue moins nébuleuse qu'elle ne paraît.

Héritier du Nouveau Roman, *Je m'en vais* se démarque par son style particulier, sans marques de dialogue ou de ponctuation particulières, et une frontière brouillée entre protagoniste, narrateur – ce dernier y allant parfois de son commentaire – et auteur. Parti de l'idée d'évoquer à la fois le marché de l'art et les régions polaires, Jean Echenoz fusionne le tout dans une intrigue qui reprend des personnages de *Un an*, sans que la compréhension de ce premier roman soit indispensable à celle du second. Pour *Je m'en vais*, l'auteur reçut en 1999 le prix Goncourt, exceptionnellement décerné chez Drouant quelques heures avant la traditionnelle annonce. Il rapporte ainsi aux Éditions de Minuit leur troisième Goncourt – et dernier à ce jour – après *L'Amant* (1984) de Marguerite Duras (femme de lettres française, 1914-1996) et *Les Champs d'honneur* (en 1990) de Jean Rouaud (écrivain français, né en 1952).

JEAN ECHENOZ

ÉCRIVAIN FRANÇAIS

- **Né en 1947 à Orange (France)**
- **Quelques-unes de ses œuvres :**
  - *Le Méridien de Greenwich* (1979), roman
  - *Ravel* (2006), biographie romancée
  - *Caprice de la reine* (2014), recueil de nouvelles

Jean Echenoz nait en décembre 1947 dans le Vaucluse. Après des études de sociologie à Aix-en-Provence, des cours à l'École pratique des hautes études et à la Sorbonne, il publie en 1979 son premier roman, *Le Méridien de Greenwich*, lauréat du prix Fénelon. Il poursuit ensuite une carrière régulière tant en termes d'édition – il a toujours été publié aux Éditions de Minuit, dont le directeur, Jérôme Lindon (1925-2001), était son ami – qu'au niveau des thèmes abordés. Déjà dans le *Méridien de Greenwich* et dans nombre d'œuvres depuis, il est souvent question de voyages, d'une écriture au ton singulier et d'un jeu avec le canevas des éléments traditionnels du roman transparent d'une réflexion sur l'écriture. Ses livres se démarquent également par une touche d'ironie, ainsi que par des pointes de critique de la société de son temps.

Au programme universitaire et lauréat d'une dizaine de prix littéraires, Jean Echenoz a majoritairement écrit des romans, mais s'est aussi essayé à la biographie romancée et à l'écriture de nouvelles. En 2001, quelques semaines après la mort de Lindon, il écrit un récit de souvenirs qui lui est dédié. Il a aussi participé à la nouvelle traduction de la Bible en 2001. Il travaille en tant que coscénariste, rôle qu'il avait déjà exercé précédemment, pour l'adaptation de son roman *Cherokee* (1983) en 1991 et fait de la figuration dans celle d'*Un an* en 2006. En 2021, il créé les dialogues et didascalies de l'adaptation en opéra de son roman *Des éclairs* (2010), dont le texte parait aux Éditions de Minuit.

RÉSUMÉ

LES ERRANCES DE FÉLIX FERRER

Félix Ferrer, galeriste parisien, annonce du jour au lendemain à sa femme Suzanne qu'il la quitte. S'arrêtant d'abord un instant dans un appartement, il se console rapidement au contact d'autres femmes. Il tombe sous le charme de Victoire, une jeune femme dont il fait connaissance par l'intermédiaire de son collègue Delahaye, mais elle le quitte du jour au lendemain, après de nombreuses réceptions régulières au cours desquelles elle restait fort discrète. Il fera ensuite la connaissance de sa voisine de palier, Bérangère Eisenmann, de Brigitte, une infirmière de vaisseau, de la fille de sa famille d'accueil dans le Grand Nord et de Sonia, l'assistante de l'homme venu estimer ses nouvelles acquisitions pour la galerie. Mais alors que Ferrer, empêtré dans des ennuis financiers, court les banques afin de solliciter un crédit, sa mauvaise santé le rattrape et les chaleurs de l'été lui provoquent un malaise cardiaque. C'est à l'hôpital, alors qu'il l'avait rencontrée une première fois à la banque sans la remarquer, qu'il fait la connaissance d'Hélène.

Ancienne médecin en immunologie, Hélène produit une impression étrange sur Ferrer, qui ne la désire pas d'emblée comme il désire les autres femmes. D'abord, inquiète de son état après avoir vraisemblablement été témoin de son incident cardiaque, Hélène vient le voir régulièrement à l'hôpital. Ensuite, quand Ferrer sort et retourne travailler à la galerie, elle passe observer les œuvres. De rendez-vous en rendez-vous, une relation se noue, qui semble au départ apaiser Ferrer, au point qu'ils projettent d'emménager ensemble. À cette même période, le 10 octobre, le divorce de Ferrer et Suzanne est officiellement prononcé, et cette dernière lui remet son double des clés de la galerie. Ces clés iront à Hélène, engagée comme assistante et efficace dans la gestion des relations avec les artistes, permettant à Ferrer de se concentrer sur la gestion des projets. Cependant, au Nouvel An, la relation se tend quand Hélène préfère aller à une soirée de réveillon de son côté. Elle avoue alors à Ferrer ne pas être tout à fait prête pour leur vie à deux et préférer mettre ce projet en pause. Déçu, Ferrer se demande tout à coup s'il ne pourrait pas revoir Suzanne et se dirige d'instinct vers son ancien domicile conjugal. Il est accueilli par une jeune femme, invitée de la fête qui s'y déroule, qui lui apprend que la maison a été vendue à un nouveau propriétaire. Ferrer accepte de rentrer boire un verre mais, un an moins deux jours après sa séparation avec Suzanne, certifie comme en introduction du roman qu'ensuite « je m'en vais » (p. 226).

LA QUÊTE DES ŒUVRES D'ART INUIT

L'activité professionnelle de Ferrer, sans être totalement vaine, est peu emballante : elle se partage entre des artistes vieillissants qui ne séduisent plus, parce qu'ils ont changé trop radicalement de style, et des nouveaux qu'il a du mal à cadrer. Mais un soir, alors qu'il est tranquille chez lui, il a la surprise de recevoir la visite de son collaborateur Delahaye. Ce dernier lui explique avoir mis le doigt sur une affaire qui peut leur rapporter gros. Il s'agit d'un ensemble d'œuvres d'art traditionnel inuit, qui a une cote importante sur le marché de l'art, reposant dans le bateau Nechilik, échoué dans les glaces de l'extrême nord canadien, depuis 1957. Bien que Ferrer se montre mocérément enthousiaste, Delahaye s'emploie à lui fournir une immense quantité de renseignements sur l'historique de l'art inuit et, surtout, à trouver les coordonnées du bateau. Cependant, peu de temps plus tard, Delahaye est retrouvé mort par son épouse dans leur salle de bains. Il aura toutefois eu le temps de fournir un dossier reprenant toutes les informations utiles sur la Nechilik. C'est ainsi qu'au printemps, quand les voies du Grand Nord deviennent praticables, Ferrer embarque pour le Canada. Après un voyage en bateau, guidé par deux Inuits, il atteint la Nechilik et emporte plusieurs conteneurs de fourrures ainsi que d'autres antiquités.

Si les fourrures n'ont plus de valeur, les objets antiques suscitent l'intérêt de Ferrer qui les rapatrie à la galerie. Elles sont estimées une véritable fortune, cependant, il préfère attendre le lendemain pour les faire assurer... et c'est dans cet intervalle que les œuvres sont volées. Après avoir alerté la police, sans piste concrète pour retrouver son butin, Ferrer se retrouve dans une situation financière délicate et doit absolument trouver des ressources. On est à ce moment au mois de juillet, la chaleur est étouffante et Ferrer, déjà impacté par un précédent infarctus léger, est encore fragile. Se trouvant dans une énième banque, après plusieurs essais infructueux pour obtenir un prêt, Ferrer subit un violent incident cardiaque qui le conduit à l'hôpital. Il y fait la rencontre d'Hélène, s'accommode tant bien que mal de sa situation et retrouve dès que possible son quotidien à la galerie. Les œuvres inuites se rappellent toutefois à son souvenir par l'intermédiaire de Supin, officier de police de l'identité judicaire. Ce dernier lui apprend qu'on a trouvé un numéro de plaque lié à l'affaire dans la poche d'un malfrat décédé, mais aussi que la voiture d'un suspect a été contrôlée par la douane à la frontière espagnole. Ferrer se rend alors dans la ville balnéaire où l'homme a trouvé refuge, se retrouvant alors confronté à une vieille connaissance.

L'ITINÉRAIRE DE BAUMGARTNER

Alors que Delahaye est enterré, un homme visite un studio à louer près du cimetière. L'inconnu finira par louer un petit logement sur un étage, dérangé de personne. Il dit s'appeler Baumgartner. Tous les trois jours, en plus des coups de téléphone quotidiens à sa femme, Baumgartner appelle un criminel surnommé le Flétan. À chaque conversation, ils font un point d'étape sur la location d'une fourgonnette frigorifique, avec laquelle le Flétan prévoit de commettre un larcin... qui s'avère être celui de la galerie de Ferrer. Avant et après le braquage, on suit Baumgartner passer par des locations de chambres, de ville en ville, ne parlant à personne d'autre qu'au Flétan et à sa femme. Après le braquage, Baumgartner se retrouve cependant face à une difficulté : le Flétan le connait et peut l'identifier. Sous couvert de gérer les suites du vol, Baumgartner décide de le retrouver. Il l'enferme dans la fourgonnette et actionne un compresseur faisant geler la partie frigorifique à -18°, le Flétan à l'intérieur. Il ignore cependant que l'homme a gardé sur lui le numéro de la Fiat de son meurtrier.

Après son crime, Baumgartner quitte la région parisienne pour descendre dans le sud-ouest de la France. Il continue de changer d'hôtel le plus souvent possible mais connaitra une frayeur : un soir, ayant pris en voiture une autostoppeuse sur le chemin vers Toulouse, il réalise qu'il la connait. Heureusement, la jeune femme s'endort dès le début du trajet et il la dépose avant d'être reconnu. Baumgartner passe ensuite en Espagne et connait un nouvel incident à la frontière, quand deux douaniers l'arrêtent pour fouiller son véhicule. Ils le laissent partir, mais ont relié son numéro de plaque à celui déniché par Supin, l'inspecteur de police, et l'alertent. Celui-ci contacte aussitôt Ferrer, en rendez-vous avec Hélène, qui arrête tout pour partir en Espagne. Ayant retrouvé Baumgartner au comptoir d'un bar, il se retrouve en fait face à son ancien collaborateur Delahaye. Ce dernier, après s'être fait passer pour mort, a en effet fait voler les objets d'art inuit pour son compte personnel. Anticipant la vente clandestine des œuvres, il a dilapidé ses économies et n'en retirera qu'un léger dédommagement de Ferrer, qui obtient ainsi l'adresse du lieu de stockage des œuvres, et peut les récupérer. Il finira par les faire assurer pour les vendre par l'intermédiaire de la galerie.

ÉTUDE DES PERSONNAGES

FÉLIX FERRER

Félix Ferrer, le protagoniste du roman, est le gérant d'une galerie d'art parisienne. Quinquagénaire aux yeux verts « ou gris selon le temps » (p. 209), il est plutôt bel homme mais n'est pas très costaud. Sa santé n'est pas brillante : il a connu un infarctus léger et d'autres problèmes cardiaques qui l'ont obligé à renoncer à la cigarette. En tant que patient coronarien, Ferrer devrait même éviter les températures trop extrêmes et développer une hygiène de vie meilleure, mais il ne semble pas très sensible à l'avis de son cardiologue. Il va braver le froid du Grand Nord pour les œuvres inuites, puis la canicule de juillet dans le stress conséquent d'écumer les banques pour sauver la galerie. Ses mésaventures l'entraîneront à l'hôpital pour un pontage multiple.

Ce personnage se démarque par son caractère libidineux : il ne rencontre pratiquement aucune jeune femme sans concevoir de pensée équivoque envers elle. Les seules exceptions à cette règle seront la « veuve » Delahaye, Ferrer ayant des scrupules sur ce point, et Hélène avec qui il tisse inexplicablement un lien plus profond. Dans l'année que dure le récit, il quitte ainsi son épouse Suzanne, un mariage morne, pour s'installer chez Laurence, une femme plus jeune. Après ça, il fantasme sur diverses femmes et parvient à ses fins la plupart du temps. Il lui arrive même d'éprouver une sorte de nostalgie quant à ses aventures passées : en témoigne ce moment où, sentant le parfum de Bérangère, il se remémore vaguement quelques souvenirs avant de passer son chemin.

La plupart du temps, Ferrer est calme, capable de gérer ses affaires, mais peu à l'aise face aux egos des artistes ou en relation avec les clients. Il ne se met en colère qu'une seule fois, lors de sa confrontation avec Delahaye en Espagne. Il semble également intelligent, n'étant pas spécialement surpris de retrouver son collaborateur là-bas, ayant donc dû deviner au moins en partie qu'il n'était pas mort et l'avait dupé. Il manque en revanche de discernement sur certains points car il doit ses difficultés financières du fait de ne pas avoir assuré les œuvres inuites dès son retour en France, ce que la police lui reprochera. C'est un homme qui erre bien souvent, sans réellement réussir à se fixer : sur le plan personnel, ses souvenirs sont son port d'attache, et sur la question du logement, il change plusieurs fois en l'espace d'un an.

BAUMGARTNER

Baumgartner est un personnage qui a une grande part de mystère. Apparu dans le récit le jour des funérailles de Delahaye, il n'est rattaché à aucun lieu en particulier, change très régulièrement de ville et d'hôtel en se faisant le plus discret possible. Et pour cause : il est en réalité Delahaye, qui a tout intérêt à disparaître de la circulation puisqu'il est censé être mort. Cette duplicité offre un contraste criant entre ces deux identités, jusqu'à la différence physique. Alors que Baumgartner est droit, alerte et vif, la rondeur et les courbes de Delahaye l'amollissent et lui permettent de donner le change quand il travaille à la galerie. Ferrer n'a qu'une estime relative envers lui, quoiqu'il lui reconnaisse un plus grand talent que le sien dans le contact client. Delahaye/Baumgartner est par ailleurs un grand manipulateur et utilise Ferrer dès le début à ses propres fins, puisque c'est lui qui le met sur la piste de la Nechilik.

Caractéristique inhérente à son existence clandestine, Baumgartner est d'une vigilance extrême. Sur la petite année que dure sa dissimulation – il « meurt » peu avant le départ de Ferrer au printemps et est découvert par ce dernier entre octobre et le Nouvel An –, il ne vivra que deux situations tendues. L'une d'elle lui reste inconnue : il est pris dans le champ d'une photo people et il s'en faudra de peu pour que Ferrer aperçoive la photo dans un magazine. L'autre est la prise en stop d'une jeune femme qu'il a déjà rencontré auparavant. Là encore, Baumgartner/Delahaye aura de la chance, puisqu'elle s'endort sans se rendre compte de la coïncidence. En dehors de ça, il n'a de liens qu'avec deux personnes : sa femme lors d'appels quotidiens, et le criminel le Flétan qu'il utilise pour commettre le braquage de la galerie mais qu'il élimine ensuite.

La vie de Baumgartner parait en apparence extrêmement banale, au point que le narrateur finit lui-même par affirmer se lasser de lui. C'est quelque part un moyen de détourner l'attention sur Ferrer, qui vit diverses mésaventures bien concrètes, alors que Baumgartner passe juste son temps à voyager. Les choses deviennent de moins en moins abstraites au fur et à mesure que le braquage se met en place avant que Baumgartner prenne la fuite. Il se révèle au fur et à mesure des événements moins prévoyants qu'il l'aurait cru et, quoiqu'involontairement, laisse un indice permettant à Ferrer de le localiser. Aussi, il est inconséquent sur le plan financier et dépense tout son argent en loisirs sans même savoir quand les œuvres seront vendues. Il finira ainsi ruiné : sans argent en Espagne, il ne touche que le tiers du dédommagement qu'il espérait, et ne l'obtient qu'en échange de l'adresse du lieu où sont entreposées les œuvres, qu'il perd donc définitivement.

AUTRES PERSONNAGES

Au cours du récit, tant Ferrer que Baumgartner n'ont, la plupart du temps, que des liens occasionnels avec d'autres personnages. Ceux-ci ne font qu'arriver et partir, et seuls deux ont une présence un minimum durable dans le roman : le Flétan et Hélène.

Le Flétan est un jeune criminel qui s'est déjà construit une certaine réputation dans le milieu. Il est en contact téléphonique tous les trois jours avec Baumgartner, et c'est lui qui s'occupe de récupérer la fourgonnette frigorifique ainsi que de voler les œuvres inuites. C'est un professionnel qui ne se méfie malheureusement pas assez de ses interlocuteurs, ce qu'il paiera de sa vie. Il décède congelé à l'arrière de la fourgonnette, non sans avoir gardé en poche le numéro de la plaque du véhicule de Baumgartner – vraisemblablement écrit là pour l'identifier à son arrivée au rendez-vous, puisqu'ils ne se parlaient auparavant que par téléphone.

Quant à Hélène, elle a une grande importance dans la vie de Ferrer. C'est un ancien médecin, qui a travaillé en immunologie, et qui vit désormais grâce à un héritage et une pension alimentaire. Cultivée et soucieuse des gens qui l'entourent, elle a également un très bon relationnel. D'abord simplement inquiète de l'état de santé de Ferrer après son hospitalisation, elle lui rend souvent visite et se rend régulièrement à la galerie. Il n'est pas exclu qu'elle s'intéresse à l'art, mais elle cherche surtout à fréquenter Ferrer par ce biais. Dans un premier temps, ce dernier ne tente aucune approche particulière, ce qui pousse Hélène à stopper ses visites. Ils finissent cependant par se revoir et Hélène laisse son empreinte dans tous les aspects de la vie de Ferrer : ils se mettent ensemble et elle vient travailler comme assistante à la galerie. Au fil du temps, il apparaît qu'Hélène a des préoccupations différentes : elle aime travailler avec les artistes et préfère les fréquenter en petit comité que se rendre aux soirées mondaines avec son compagnon. Les réflexions émises sur ce point laissent suggérer une autre explication possible : Hélène part en effet « un peu tôt, jugea-t-il, pour ce genre de soirée » (p. 222). L'ironie est de temps à autre présente dans le texte, comme on peut le voir avec ce passage, qui peut prêter à penser qu'elle rechigne à s'installer avec Ferrer car il y aurait peut-être un autre homme dans sa vie.

CLÉS DE LECTURE

LE NOUVEAU ROMAN

Origine et reconnaissance du mouvement

Jean Echenoz est souvent considéré comme un héritier du Nouveau Roman. Cette expression renvoie, plus qu'à un courant, à un groupe d'écrivains constitué tout d'abord de Michel Butor (homme de lettres français, 1926-2016), Alain Robbe-Grillet (romancier et cinéaste français, 1922-2008) et Nathalie Sarraute (femme de lettres française, 1900-1999). Il n'y a cependant nulle origine précise, ni aucun manifeste du mouvement, bien que les ouvrages de Jean Ricardou (écrivain et théoricien, 1932-2016) et l'essai *Pour un Nouveau Roman* (1963) en constituent une base théorique. Si l'appellation prend du temps à apparaître, dès les années 1950, les écrivains du mouvement peuvent être considérés comme un groupe. Deux éléments y contribuent : le rachat des Éditions de Minuit par Jérôme Lindon en 1948, et l'arrivée dans cette même maison d'édition de Robbe-Grillet en 1955. À partir de là, l'éditeur devient le fer de lance du Nouveau Roman et publie de nombreux ouvrages de « nouveaux romanciers » tels que ceux cités plus haut mais aussi Claude Simon (1913-2005), Samuel Beckett (écrivain irlandais, 1906-1989) ou Marguerite Duras.

Le nom de « Nouveau Roman » provient d'une critique peu amène envers ces écrivains. Il émerge en 1955 et s'impose auprès du grand public par l'intermédiaire d'un article du journal *Le Monde* deux ans plus tard. Alors utilisé pour faire référence à la réédition de *Tropismes* (1939) de Sarraute et à la publication de *La Jalousie* (1957) de Robbe-Grillet, il est repris par les revues et les auteurs qui l'utilisent pour promouvoir leurs œuvres. Il est en fait difficile à cette époque de poser une origine tout à fait claire au mouvement et de dresser une liste des écrivains qui pourraient s'en réclamer. Ce qui est manifeste, c'est qu'il s'établit en rupture avec les courants surréalistes et existentialistes en vogue dans la première moitié du siècle. Il promeut aussi la remise en cause des caractéristiques du roman balzacien. Par ailleurs, il apparaît dans une période faste pour le renouvellement artistique : le cinéma connaît à la même époque la « Nouvelle Vague » et le théâtre a sa part avec le « Nouveau Théâtre » quelques années plus tard.

En rupture radicale avec les conventions romanesques, les Nouveaux Romanciers furent, dans un premier temps, regardés avec un œil plus que circonspect par les critiques contemporains. Le mouvement fut longtemps vacillant et ne trouva une constitution vraiment solide qu'avec les colloques de Cerisy dans les années 1970, où les auteurs se regroupèrent sous une bannière commune. Le Nouveau Roman accède rapidement à une résonnance internationale et dès 1960 trouve un écho dans d'autres tendances littéraires, comme l'Oulipo qui cherche la nouveauté dans l'acte d'écriture. En contraste avec la critique, des prix littéraires prestigieux sont décernés dès 1954 (pour *Les Gommes* de Robbe-Grillet), d'abord à l'échelle française puis internationale. Beckett, en 1969, et Simon, en 1985, voient leurs œuvres couronnées du Nobel de littérature. Si le Nouveau Roman s'est fait plus discret au fil du temps, son héritage se retrouve chez des auteurs contemporains qui jouent encore aujourd'hui avec les conventions romanesques.

Remises en question du Nouveau Roman

Le Nouveau Roman traduit une forme d'écriture neuve où tout bouge par rapport au roman traditionnel, à commencer par le personnage. Ce dernier voit les attributs qui le constituaient à l'égard du héros balzacien perturbés : il devient flou, énigmatique, se voit dépossédé de ses traits primaires, parfois jusqu'à son nom. Il perd de son éclat et, sans disparaître complètement, est profondément remis en question. L'intrigue du récit est elle aussi touchée par ces perturbations et n'est plus un élément principal : elle est désormais au service du reste. Elle devient succession d'éléments fugitifs qui traduisent une émotion ou un acte, et c'est l'ensemble de ces bribes qui constituent le roman sans qu'il s'agisse forcément d'une intrigue suivie.

Le mouvement ne se préoccupe aucunement de reproduire le réel ou évoquer un état du monde : l'idée même de la description se voit donc modifiée. Elle n'a plus vocation à donner un « effet de réel », elle peut donc concerner aussi bien des éléments concrets que des éléments a priori insignifiants selon les auteurs. Elle interrompt le récit pour retranscrire les mouvements qui nous habitent. La forme du roman n'est pas en reste. Sont ainsi mises à mal des notions aussi profondément ancrées dans la tradition du roman que l'écriture suivie en prose, la focalisation externe ou l'omniscience du narrateur. Beckett, par exemple, joue avec la syntaxe et la ponctuation dans la trilogie constituée par *Molloy* (1951), *Malone meurt* (1951) et *L'Innommable* (1953). Par ce biais, la forme du récit est mise en évidence ; en jouant avec la fabrication du récit, le Nouveau Roman en questionne les mécaniques. La forme et le sens importent moins que la remise en question des conventions. Tout comme le héros et le récit deviennent flottants, la notion de narrateur et sa relation avec l'auteur ainsi que le personnage se brouillent. Un narrateur subjectif raconte son histoire, mais il peut se voir bousculé par d'autres narrateurs et son rôle n'est pas fixé à tel ou tel personnage. L'ordre narratif global s'en retrouve modifié et perd en apparence de sa cohérence pour se mettre au service de la remise en question promue par le Nouveau Roman.

LE STYLE DE JEAN ECHENOZ

Articulation d'*Un an* et *Je m'en vais*

Je m'en vais est un roman qui partage diverses caractéristiques du Nouveau Roman, s'en inspire ou les prolonge. L'une d'elles est l'expérimentation formelle, qui est ici mise en œuvre à travers l'articulation avec un autre roman, publié deux ans avant. *Un an* et *Je m'en vais* forment un ensemble, un diptyque dans lequel les titres se renvoient constamment l'un à l'autre.

UN AN

Publié en 1997, le très court roman *Un an* de Jean Echenoz suit le parcours d'une jeune héroïne prénommée Victoire. Elle se réveille un matin aux côtés de son amant Félix, sans se souvenir de la nuit précédente et donc de ce qui a pu se passer. Elle fuit alors Paris pour le sud-ouest de la France où elle loue une maison en attendant que les choses se tassent. Seul son ami Louis-Philippe lui rend des visites inopinées. Victoire est cependant dépouillée par un nouvel amant, Gérard, et végète de ville en ville en perdant de plus en plus ses ressources, jusqu'à vivre de vols dans la rue. Elle délaisse les hôtels pour dormir dans la rue, erre à vélo puis à pied quand son véhicule lui est dérobé. Plusieurs mois plus tard, en faisant du stop, elle revoit par hasard Gérard. Elle rentre alors à Paris où un ami l'héberge, un an après le début de ses pérégrinations. Le final du roman montre un Félix en réalité en vie. Face aux réactions des lecteurs, l'auteur a voulu écrire un contrepoint explicatif avec des résonances et le matériau d'origine : ainsi est né *Je m'en vais*.

Sur le seul plan du fond, les deux livres partagent des personnages et des contenus qui sont réexploités sous des angles différents. Félix n'est pas sans rappeler le Félix Ferrer de *Je m'en vais*, quoiqu'avec un destin funeste. Victoire peut renvoyer à la jeune amie de Delahaye, d'autant plus qu'elle partage également la vie de Félix. Le prénom de Louis-Philippe est quant à lui celui de Delahaye. Les deux personnages ont d'ailleurs un lien d'amitié assez flou dans les deux romans – il est notamment difficile dans *Je m'en vais* de savoir exactement quelles sont leurs relations. D'autres éléments se retrouvent sous des formes différentes. Ainsi l'errance de Victoire, quoiqu'étant de plus en plus grande, et de plus en plus miséreuse, rappelle celle de Baumgartner qui erre pendant plusieurs mois entre diverses villes du sud-ouest. L'épisode de l'autostop est présent dans les deux livres. Dans *Un an*, Victoire revoit par ce biais son amant Gérard. Dans *Je m'en vais*, c'est Baumgartner/Delahaye qui prend en stop une jeune femme, réalise ensuite à sa voix qu'il la connaît, et retient son souffle jusqu'à l'avoir déposée à Toulouse. Cette autostoppeuse n'est pas nommée mais, vu le peu de relations que l'on connaît à Delahaye, il est très possible que ce soit Victoire ayant disparu de Paris du jour au lendemain depuis quelque temps. Chaque récit dure plus ou moins un an, et se focalise sur un personnage qui connaît une forme d'errance.

Le style de *Je m'en vais*

Plusieurs éléments inhabituels distinguent également *Je m'en vais* sur la forme et tendent à justifier l'héritage du Nouveau Roman que l'on attribue souvent à Echenoz. Il y a tout d'abord une absence totale de marques de dialogues. C'est le narrateur qui restitue les propos de tous les personnages dans une absence apparente d'émotion, entraînant un travail du lecteur qui doit interpréter les paroles et les émotions des personnages. Cette absence dépossède également quelque peu Ferrer, Delahaye et les autres de leur personnalité. Il est en effet difficile de les caractériser psychologiquement puisque l'absence de marques émotionnelles ne peut y contribuer, et le narrateur évoque rarement des occurrences de tristesse ou de colère chez eux. Même physiquement, ils sont peu décrits, comme si cela n'avait pas de réelle importance – le protagoniste, Ferrer, n'est par exemple esquissé qu'à la toute fin. En revanche, il arrive que le narrateur interrompe le cours du récit pour des descriptions théoriques qui peuvent sembler plus anodines, à l'exemple de l'explication historique sur la circulation de l'espace Schengen quand Baumgartner traverse la frontière.

L'autre principal point d'intérêt stylistique de l'œuvre réside dans la confusion des identités des protagonistes, du narrateur et de l'auteur. Il est manifeste que le protagoniste n'est pas le seul dont la subjectivité est impliquée. Il en est partiellement dépouillé au profit, plus inhabituel, de l'avis du narrateur qui restait en retrait dans le roman traditionnel. Le narrateur se place ainsi au même niveau que le personnage et se permet des pointes d'ironie, des remarques et des commentaires sur l'histoire qui est en train de se dérouler, interpellant même par moments directement le lecteur. Lui-même remet parfois en question le récit écrit par l'auteur puisqu'il exprime des critiques sur le comportement de Ferrer et la monotonie de la vie de Baumgartner. Il reste pourtant résolument au service de l'œuvre : basculant sans arrêt d'un temps et d'un personnage à un autre au fil des courts chapitres, observateur caustique de leurs péripéties, il déroule des bribes de récit petit à petit. Selon les ambitions de l'auteur, visibles dans l'attitude du narrateur, ces mouvements incessants finissent par s'articuler en un tout où propos du narrateur et des personnages se confondent perpétuellement. L'objectif ici est d'impliquer le lecteur, de gommer la forme et de brouiller les contenus, afin de l'impliquer et de lui donner de l'importance au même titre que les autres acteurs de l'acte littéraire.

THÉMATIQUES ET INFLUENCES

Pour construire son roman *Je m'en vais*, Jean Echenoz a désiré s'appuyer sur deux éléments tout à fait hétéroclites et a priori impossibles à lier d'instinct : l'art et le Grand Nord. Partant du lien entre Ferrer et le mot « atelier », il s'intéresse aux artistes et surtout aux marchands d'art, d'où l'orientation professionnelle du protagoniste. C'est ce métier qui le définit, plus que n'importe quelle description physique ou comportementale. Ce monde était cependant inconnu à l'auteur, qui dut multiplier les recherches et les interviews, les entretiens avec des marchands d'art et des collectionneurs pour mieux cerner cet univers. Même raisonnement pour les régions polaires arctiques : s'il s'agissait d'une nouvelle étape des voyages littéraires d'Echenoz, un monde également inconnu. Il étudia donc des travaux, des récits d'exploration et des émissions sur le sujet. À la faveur d'une exposition de photographies du Grand Nord, il put également noter les noms des auteurs et s'entretint avec l'un d'eux qui lui raconta son voyage.

C'est également tout un voyage que fait Ferrer dans une zone reculée du Canada. Grâce à la documentation répertoriée sur le Grand Nord, ce trajet est raconté et assorti de détails précis : ce qui concerne la Nechilik est par exemple exact. De même, les noms des personnages et lieux inuits existent. Ces moments, qui ne constituent qu'une part restreinte du récit, sont d'une grande importance parce qu'ils représentent le moteur des événements, l'origine de la fausse mort de Delahaye et l'ambition professionnelle de Ferrer. Du côté de l'art, le roman n'est pas avare en renseignements et en situations non plus. Même si l'on met de côté les descriptions concernant l'art traditionnel inuit, les confrontations de Ferrer avec les collectionneurs comme Réparaz sont fréquentes. On assiste aussi à une opposition entre les tendances passées et les tendances nouvelles avec les deux principaux artistes qui viennent à la galerie : d'un côté Gourdel, dont l'art s'est dégradé depuis qu'il a voulu changer de style, ne remportant plus de succès, de l'autre Martinov, jeune prometteur à qui Ferrer promet volontiers plusieurs expositions.

Jean Echenoz se plait à considérer écrire des « romans d'action ». Cette action est double : celle qui est racontée, et celle qui réside dans l'écriture et la façon de raconter. Le mouvement est perpétuel, tant sur le fond, car Ferrer et Baumgartner bougent beaucoup, que sur la forme : les chapitres, les phrases, les noms eux-mêmes sont mouvants et naissent d'un jeu avec les termes, les techniques et les sons. Aux yeux de l'auteur, son attachement à la rhétorique cinématographique va de pair avec son rythme particulier. Féru de cinéma et de la manière dont il traite la fiction, il tente d'adapter ces procédés à la littérature. Ainsi, il crée du mouvement dans sa narration, crée des effets au maximum visuels et sonores, joue avec les points de vue et les temps. Ce n'est pas un hasard si on bascule constamment des aventures de Ferrer à celles de Baumgartner et inversement, ni si passé et présent se côtoient régulièrement. Dans la première moitié du roman, la structure alterne entre deux périodes de la vie de Ferrer ; dans la deuxième, elle oppose Ferrer et Baumgartner dans une danse qui peut rappeler certains films choraux où les destins des personnages ne s'entremêlent qu'au dernier moment, au service d'une révélation finale. Au final, c'est Ferrer qui reprendra la main pour boucler la boucle dans tous les sens du terme : la même phrase commence et termine le roman, et le présent rejoint le passé, là même où tout avait commencé.

PISTES DE RÉFLEXION

QUELQUES QUESTIONS POUR APPROFONDIR SA RÉFLEXION...

- Quels éléments permettent de détailler l'articulation entre *Je m'en vais* et *Un an*, le précédent roman de l'auteur?
- En quoi Félix Ferrer est-il un personnage errant, flottant?
- Comment la structure du roman concourt-elle à impliquer le lecteur dans la résolution du mystère qu'est Baumgartner?
- On a souvent désigné Jean Echenoz comme un héritier du Nouveau Roman, mouvement littéraire de la deuxième moitié du XIXe siècle. De quelle manière *Je m'en vais* peut étayer cette affirmation?
- Les traits stylistiques du roman se voient notamment dans l'absence totale de marques de dialogue. Comment Jean Echenoz s'y prend-il pour donner corps à la personnalité de ses personnages?
- Auteur, narrateur et personnage sont-ils dans ce roman des entités parfaitement séparées? Expliquez votre raisonnement.
- De quelle manière l'auteur s'inspire-t-il des techniques cinématographiques pour construire son livre?
- Comment Jean Echenoz s'y est-il pris pour concilier les deux inspirations primaires (l'art et le Grand Nord) en apparence complètement différentes?
- Expliquez et exemplifiez l'usage de l'ironie dans le roman.

POUR ALLER PLUS LOIN

ÉDITION DE RÉFÉRENCE

- ECHENOZ J., *Je m'en vais*, Paris, Les Éditions de Minuit, 1999/2001.

SOURCES COMPLÉMENTAIRES

- ECHENOZ J., *Un an*, Paris, Les Éditions de Minuit, 1997. De par ses liens explicites avec *Je m'en vais*, sa lecture présente un intérêt non négligeable pour cerner tout à fait cette dernière œuvre.

SUR LEPETITLITTÉRAIRE.FR

- Analyse du livre de : SARRAUTE NATHALIE, *Enfance*, Paris, Gallimard, 1983. https://www.lepetitlitteraire. fr/analyses-litteraires/nathalie-sarraute/enfance/ analyse-du-livre
- Analyse du livre de : SARRAUTE NATHALIE, *Les Fruits d'or*, Paris, Gallimard, 1963. https://www.lepetit-litteraire.fr/analyses-litteraires/nathalie-sarraute/ les-fruits-d-or/analyse-du-livre
- Analyse du livre de : BUTOR MICHEL, *La Modification*, Paris, Les Éditions de Minuit, 1957. https://www. lepetitlitteraire.fr/analyses-litteraires/michel-butor/ la-modification/analyse-du-livre

lePetitLittéraire.fr

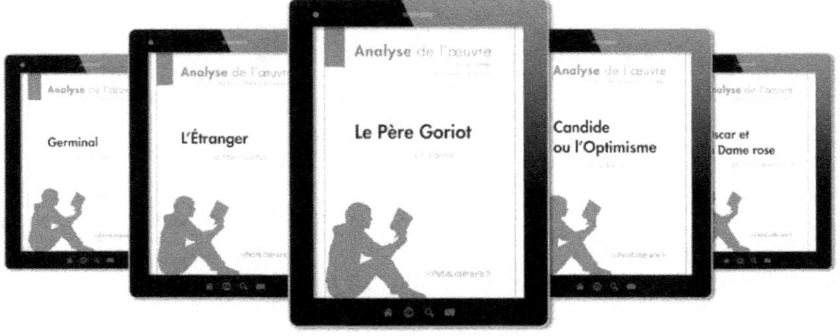

- des analyses de livres
- des fiches de lectures
- des commentaires littéraires
- des questionnaires de lecture
- des résumés

**Retrouvez
notre offre complète sur**
lePetitLittéraire.fr

www.lepetitlitteraire.fr

ISBN version numérique : 9782808696890
ISBN version papier : 9782808697033
Dépôt légal : D/2023/12603/1964

Conception numérique : Primento,
le partenaire numérique des éditeurs.